项目一 汽车与汽车维修的认知

任务一 汽车的认知

U0792985

一、实训内容及要求

给自己“做”一台满意的车，从中辨别汽车所属的类型，说出国产汽车型号的含义，说出汽车的基本组成。

二、实训器材及资料

关于汽车分类的国家标准等最新资料。

三、实训步骤

（1）给您自己“做”台个性化轿车吧，参考图 1-30 或参考其他图把大致轮廓绘出来。

图 1-30 参考图

（2）您的汽车属于________（乘用车或商用车）中________汽车（例如多用途货车）。

(3) 请您参考教材中普通乘用车的描述，对您的汽车车身、车门及车顶做大致的描述。

车身____；

车门____；

车顶____。

(4) 您的汽车轴距是________mm，发动机排量是________L，属于________车，根据国产汽车型号编号规定，给自己的爱车定一个型号编码为________。

(5) 您的个性化轿车，发动机有________个气缸，底盘采用________（自动/手动变速器），电气设备带________个蓄电池，采用________车身。

(6) 您还可以给自己的爱车，设计一个独特的车标。

任务二 汽车维修的认知

一、实训内容及要求

会使用万用表检查熔丝和继电器；通过练习发动机油底壳的拆装，掌握拆装的注意事项；通过测量气门直径掌握量具的使用方法。

二、实训器材及资料

发动机运行台架或实训车辆、万用表、熔丝、继电器等；发动机拆卸台架、油盆、一套套筒、常用扳手、螺栓盒等；气门、游标卡尺、千分尺等。

三、实训步骤

（一）万用表的使用

1. 万用表使用前认知

(1) 实训用的万用表最小的电阻量程是________Ω，测量电压常用________档位的________量程。

(2) 从万用表上取下两测量表笔，测量电压和电阻时，红色表笔接________（填写万用表上插孔代号或从左到右序号，下同），黑色表笔连接________；测量燃油泵电路电流时，红色表笔接________，黑色表笔连接________（燃油泵电阻约为1Ω，蓄电池电压约为12V）。

2. 练习使用万用表检查熔丝

(1) 校正万用表。将万用表置于________档位的________量程，此时测得万用表内阻为________Ω，属于________（正常/异常）。

（2）点火开关的档位如图 1-31 所示，将点火开关置于________（LOCK/ACC/ON/ST）档位，观察此时仪表背景灯是否点亮，发动机是否起动。

实训练习时，第一次可以参照此任务书完成，多次练习后，不需参照任务书也应能熟练完成。

图 1-31　点火开关档位

（3）在教师的指导下，检查________号熔丝，该熔丝为________色，额定电流为________A。检测该熔丝时，万用表选择________档位的________量程，一端检测点电压为________V，另一端检测点电压为________V，属于________（正常/异常）。

（4）假设上述检测为异常情况，将点火开关置于________（LOCK/ACC/ON/ST）档位，拔下熔丝，目测熔丝是否熔断，若观察不清楚，使用万用表________档位的________量程，检查熔丝电阻，电阻为________Ω，属于________（正常/异常）。

（5）在教师的指导下，检查熔丝座接触片________（有/无）锈蚀，接触片________（有/无）松动。

3. 练习使用万用表检查继电器

（1）观察用于检测的继电器，该继电器有________个接脚，观察接脚的标号，使用万用表________档位的________量程，检查继电器开关部分电阻为________Ω，判断该继电器属于________（常开/常闭）继电器，将继电器的接脚标号补全在图 1-32 所示继电器原理图中。

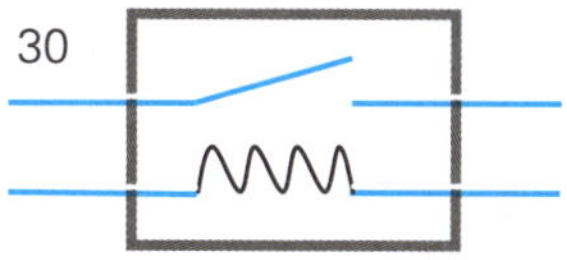

图 1-32　继电器原理图

（2）使用万用表________档位的________量程，检查继电器线圈部分，线圈部分电阻为________Ω。

（3）将继电器线圈部分________接脚连接蓄电池负极，________接脚连接蓄电池正极，此时继电器________（有/无）振动。使用万用表________档位的________量程，测量继电器开关部分的电阻为________Ω，属于________（正常/异常）。

（4）在教师的指导下，检查继电器座接触片________（有/无）锈蚀，接触片________（有/无）松动。

（二）发动机油底壳的拆装

（1）检查油底壳四周和底面是否存在泄漏。机油滤清座处________（有/无，下同）漏油痕迹，放油螺栓处________渗漏，油底壳边缘________渗漏，曲轴前油封处________渗漏。

（2）将油盆放置在实训发动机下面，把机油放干。

（3）熟悉工具的摆放位置，以便将工具及时归位。

（4）拆卸前后随时注意固定螺栓或螺母大小及长短，将其整齐摆放。固定螺栓共有________个，固定螺母共有________个，其大小________（相同/不相同），长度________（相同/不相同）。

（5）使用橡胶锤轻轻敲击油底壳，拆下油底壳。

（6）使用铲刀或垫片刮刀清除垫片面和密封槽中所有旧密封材料。

（7）按拆卸相反顺序进行安装。注意，油底壳固定螺栓或螺母拧紧力矩一般较小，拧紧力矩过大容易造成元件损坏。参考标准：约为4.9N·m，具体详见维修手册。

（8）整理工具及清洁场地。

（三）测量气门

（1）清洁气门，观察气门是否有明显的磨损。气门杆部________（有/无）损坏，气门锥面________（有/无）损坏。

（2）清洁游标卡尺，初步检查游标卡尺________（是/否）正常，使用的游标卡尺量程是________，其精度是________。

（3）对游标卡尺进行校零，游标卡尺的误差为________。

（4）使用游标卡尺测量气门长度，尺身上的读数为________，游标上的读数为________，气门长度值为________；第二次测量气门长度，尺身上的读数为________，游标上的读数为________，气门长度值为________；两次测量平均值为________。

（5）对比维修手册，气门长度________（是/不）正常。

（6）清洁游标卡尺，将游标卡尺放置在游标卡尺盒内。

（7）清洁千分尺，目测千分尺________（是/不）正常，选择千分尺的量程应为________，其精度为________。

（8）对千分尺进行校准，千分尺的精度为________。

（9）使用千分尺对气门杆部的直径进行测量，固定套筒上的值是________，微分筒上的值是________，气门杆部的直径测量值为________，第二次气门杆部的直径测量值是________。

（10）对比维修手册，气门杆部直径________（是/不）正常。

（11）清洁千分尺，将千分尺放置在千分尺盒内。

项目二 发动机的认知

任务一 发动机的作用和类型

一、实训内容及要求

观察发动机，熟悉发动机的作用及组成；摇转发动机，观察“对应缸”的特点。

二、实训器材及资料

发动机拆卸台架、油盆、一套套筒等。

三、实训步骤

（1）观察实训用的发动机前端带轮带动________、________、________等运转。

（2）观察发动机产生真空也可以用于控制真空阀，观察实训用的发动机有________条真空软管。

（3）观察实训用的发动机采用________（燃料类型），________（喷油方式），________（气缸排列方式），该发动机共有________个气缸。

（4）下雨天，某车被水淹了，该直列四缸发动机1缸连杆弯曲，此时1缸的上止点比4缸的上止点________（高/低），其下止点比4缸的下止点________（高/低），1缸的活塞行程与4缸的活塞行程________（相同/不相同）。

（5）上题中发动机1缸的燃烧室容积比4缸的燃烧室容积________（大/小），1缸的气缸工作容积与4缸的工作容积________（不相同/相同），1缸的压缩比比4缸的压缩比________（大/小）。

（6）断开实训发动机的电源，拆下发动机所有的火花塞，将特制的木条插入各火花塞孔，采用套筒和扭力扳手等合适的工具摇转发动机，根据每个气缸中木条高度的变化，判断________缸和________缸是“对应缸”，________缸和________缸是“对应缸”。根据图2–16所示曲轴和对应缸特征，大概画出实训用发动机曲轴的轮廓。

图 2-16　发动机曲轴

（7）发动机除了提供真空用作制动助力外，还可以辅助制动，根据教师的讲解或查找资料，写出发动机制动如何作用？

任务二　发动机的基本原理和结构

一、实训内容及要求

观察发动机的结构，每个机构及系统至少认识 3 个元件；摇转发动机，熟悉发动机每个行程的运转情况。

二、实训器材及资料

发动机拆卸台架、一盒套筒。

三、实训步骤

1. 断开实训发动机的电源，拆下除了 1 缸火花塞外所有的火花塞，拆卸气缸盖罩，将特制的木条插入 1 缸火花塞孔，摇转发动机，根据凸轮轴凸轮转动情况及气门运动情况进行以下判断：

（1）面对发动机，应该________（顺时针/逆时针）摇转发动机来观察。

（2）摇转发动机时，阻力最大的是________行程，在阻力最大时观察曲轴带轮上凸轮轴带轮的正时记号，发动机正时记号共有________处。

（3）在发动机阻力最大时，继续摇转发动机，大约摇转发动机________°，排气门开始打开，说明此时 1 缸处于________行程。

2. 参考图 2-17，将发动机依次摇转至压缩行程上止点（即压缩行程结束时）、做功行程下止点（即做功行程结束时）、排气行程上止点（即排气行程结束时）、进气行程下止点

（即进气行程结束时），观察气门的状态：

（1）压缩行程上止点时，进气门凸轮基圆________（离开/接触）进气门挺柱，此时进气门________（关闭/打开），排气门凸轮基圆________（离开/接触）排气门挺柱，此时排气门处于________（关闭/打开）状态。

（2）做功行程下止点时，进气门凸轮基圆________（离开/接触）进气门挺柱，此时进气门________（关闭/打开），排气门凸轮基圆________（离开/接触）排气门挺柱，此时排气门处于________（关闭/打开）状态。

（3）排气行程上止点时，进气门凸轮基圆________（离开/接触）进气门挺柱，此时进气门________（关闭/打开），排气门凸轮基圆________（离开/接触）排气门挺柱，此时排气门处于________（关闭/打开）状态。

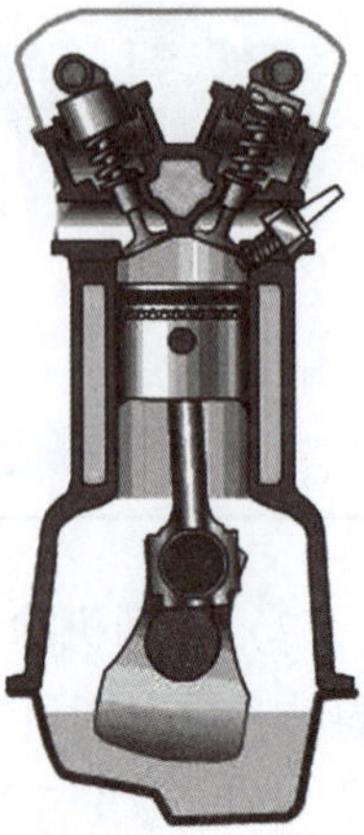

图 2-17　发动机原理图

（4）进气行程下止点时，进气门凸轮基圆________（离开/接触）进气门挺柱，此时进气门________（关闭/打开），排气门凸轮基圆________（离开/接触）排气门挺柱，此时排气门处于________（关闭/打开）状态。

3. 熟悉发动机的组成，写出发动机两大机构五大系统中 3 个零部件名称：

________机构：________、________、飞轮。

________机构：________、________、进气门。

________系统：________、________、起动开关。

________系统：________、________、油底壳。

________系统：________、________、散热风扇。

________系统：________、________、点火控制模块。

________系统：________、________、燃油箱。

项目三 曲柄连杆机构的结构与维修

任务一 机体组的结构与维修

一、实训内容与要求

熟悉机体组的组成及拆装方法；掌握气缸盖及气缸体平面度的检查方法；掌握气缸磨损程度的检查方法。可以在完成配气机构的教学后，再完成此项目的练习。

二、实训器材及资料

发动机拆卸台架、一盒套筒、扭力扳手、气动风枪、护目镜、刀口尺、塞尺、量缸表等，实训发动机的维修手册。

三、实训步骤

（一）气缸盖的拆装

1. 熟悉气缸盖罩的结构与拆装

注意拆装过程中，参照图 3-62，将拆下的零件摆放整齐。

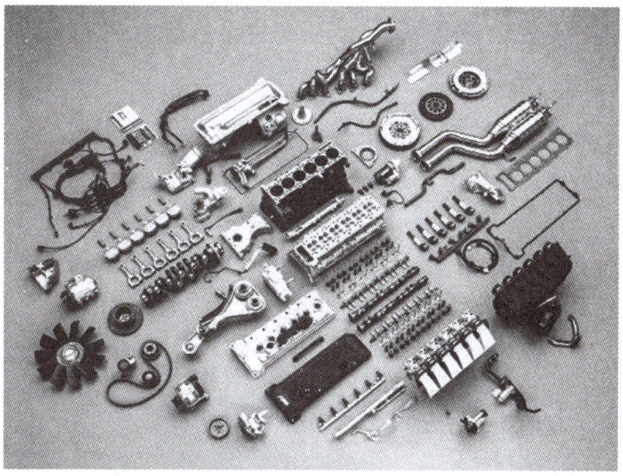

图 3-62 零件摆放图

（1）学会拆装机油盖，在教师的指导下，掌握拧紧机油盖的力矩，观察机油盖周围

________（有/无）漏油痕迹。

（2）观察实训用的发动机，气缸盖罩上使用________颗螺栓或螺母固定，这些固定螺栓或螺母位置是________（对称/不对称）的，大小是________（相同/不相同）的，长短是________（相同/不相同）的。

（3）观察气缸盖罩四周________（是/无）漏油痕迹。

（4）检查气缸盖上用于固定气缸盖罩的螺孔，检查每个螺孔的螺牙________（正常/不正常）。

注意：拆装时不能硬敲或硬撬，拆下的气缸盖等零部件的密封接合面不能直接朝下放置在较硬的金属桌面，要防止零件接合端面被擦伤。

2. 拆下进气管总成

拆下进气管总成，进气管总成固定螺栓有________个，固定螺母有________个，如有双头螺柱，检查其________（有/无）松动；目测进气管与气缸盖接合面________（有/无）损坏，目测气缸盖与进气管接合面________（是/无）损坏。

为防止变形，拆卸时应从________（两边/中间）到________（两边/中间）；安装进气管螺栓时，应该从________（两边/中间）到________（两边/中间）拧紧。如果遇到双头螺柱松动，可以安装两个固定螺母在其外端，再将其拧紧或拧松，如图 3-63 所示。

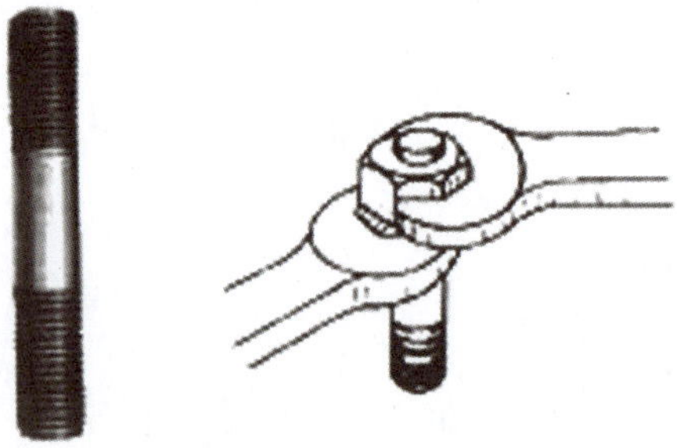

图 3-63 双头螺柱及拆装方法

3. 拆下排气管总成

拆下排气管总成，排气管总成固定螺栓有________个，固定螺母有________个，如有双头螺柱，检查其________（有/无）松动；目测排气管与气缸盖接合面________（有/无）损坏，目测气缸盖与排气管接合面________（是/无）损坏。

为防止变形，拆卸时应从________（两边/中间）到________（两边/中间）；安装排气管螺栓时，应该从________（两边/中间）到________（两边/中间）拧紧。

注意：排气管固定螺栓受高温影响，拆装时容易损坏，可以在拆装前喷上除锈剂。

4. 拆下气缸盖总成

查找维修手册，按维修手册提示顺序，或按照前文中气缸盖拆装顺序拆卸固定螺栓。固定螺栓要分________次拧松，一共有________个固定螺栓，固定螺栓长度是________（相同/不相同）的。

使用游标卡尺检查固定螺栓长度，发现其________（正常/被拉伸）。测量数据如下：____。

5. 检查气缸垫

观察气缸垫，它的正反面________（相同/不相同），________朝上。辨别气缸垫上每个孔的作用，螺栓孔共有________个，机油进油孔有________个，机油回油道有________个，水道有________个，曲轴箱废气通孔有________个。

6. 按拆卸相反顺序进行安装

（二）机体组变形的检查

（1）机体组元件需要检查平面度的有____________________、____________________、____________________、____________________等。

（2）检查机体组元件平面度需要的量具有________和________。

（3）检查气缸盖的平面度，根据图 3–64 提示，需要测量________次，测量数据分别是________、________、________、________、________、________，属于________（正常/异常）。

图 3–64　气缸盖测量方向

（4）测量其他需要测量的平面。

（三）气缸磨损程度的检查

> **注意：**安装时，安装孔槽口和卡箍槽口要错开，安装锁紧手柄时不要挡住百分表表盘。

（1）百分表主要由__________、__________、__________、__________等组成。

（2）如图 3–65 所示，将百分表安装在支架（表杆）上端，让百分表上的测量杆和支架内的传动杆接触，此时百分表小表盘的读数是________。

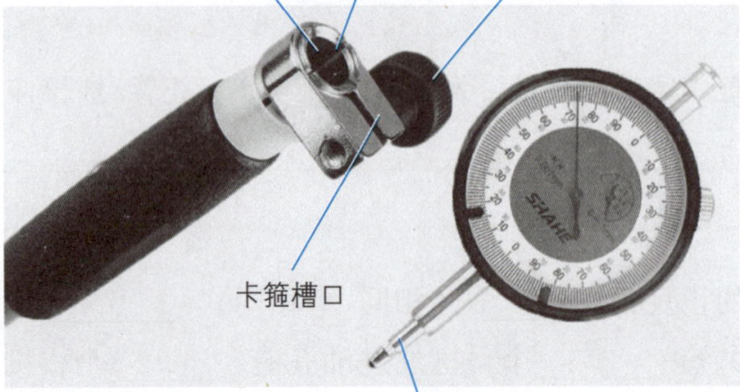

图 3-65 安装百分表

(3) 使用游标卡尺测量气缸的直径，或查找维修资料，气缸的标准直径是________。

(4) 如图 3-66 所示，量缸表具有不同长短的接杆，按被测气缸的标准尺寸，选择合适的接杆，接杆测量范围是________，装上接杆后，暂时不拧紧固定螺母。

(5) 将外径千分尺固定在千分尺底座或小台虎钳上（图 3-67），把外径千分尺调到被测气缸的标准尺寸，将装好的量缸表放入千分尺。

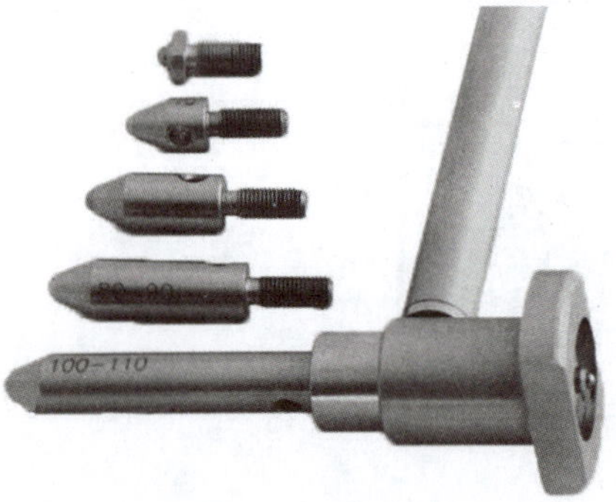

图 3-66 量缸表测量接杆

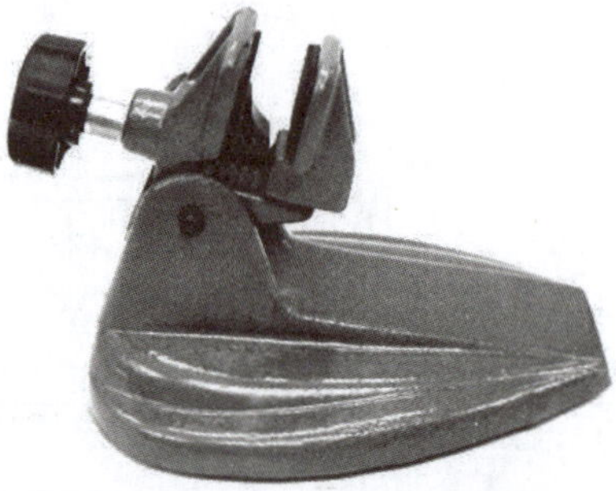

图 3-67 千分尺底座

(6) 稍微旋动接杆，使量缸表指针转动 2mm（2 圈）左右，即有________的压缩余量。轻轻拧紧接杆固定螺塞，此时百分表小指针读数为________。

(7) 旋转百分表的表盘，使指针对准________。

(8) 清洁气缸，用手触摸上止点时第一道活塞环对应的气缸位置，________（能/不能）感觉出活塞环与气缸磨损留下来的“凸肩”。

（9）将量缸表的测量杆伸入到气缸上部，测量第一道活塞环在上止点位置时所对应的气缸壁，分别测量和记录平行、垂直活塞销方向的两个数据，分别是________、________。根据维修经验，此位置的圆度即该气缸的圆度，其圆度大小为________，属于________（正常/不正常）。

（10）将量缸表倾斜后下移，测量气缸中部和下部的尺寸。气缸中部为上、下止点间的中间位置，其测量记录为________、________；气缸下部为下止点时油环所对应的位置，该位置通常距离气缸下边缘10mm左右，其测量记录为________、________。

（11）计算该气缸的圆柱度为________。测量其他缸的圆柱度，以所有气缸测量数据中________（最大值/最小值）为测量标准。

任务二　活塞连杆组的结构与维修

一、实训内容与要求

熟悉活塞连杆组的组成及拆装方法；会检测活塞与气缸的配合间隙；会检查活塞环的配合间隙；会检查连杆的损坏情况。

二、实训器材及资料

发动机拆卸台架、活塞环卡箍、活塞环拆装钳、一盒套筒、扭力扳手、橡胶锤等游标卡尺、千分尺、塞尺、内径百分表、连杆测量校正仪等，实训发动机的维修手册。

三、实训步骤

（一）活塞连杆组的拆装

（1）拆下气缸盖，拆下油底壳，或准备拆下了气缸盖和油底壳的气缸体。

（2）为确保组装正确，拆卸前检查连杆和盖的配合标记及序号，活塞的朝前记号及序号，并将相关标记用文字或图片简略记录在下面，然后拆下连杆盖螺母。

（3）使用________，轻轻敲击连杆螺栓，取下连杆盖。

（4）用一段短软管套在连杆螺栓上，防止损伤曲轴。

提示：将下轴承装入连杆盖内。

（5）将活塞连杆组件推出并摆放整齐，按同样方法，拆下所有气缸的活塞连杆组，摆放时要按正确的顺序，把连杆轴承、连杆活塞组件和________放在一起。观察连杆上、下轴承，它们的区别是：________。

如图 3-68 所示，用游标卡尺测量连杆螺栓受力部分的直径。对比标准值，如果直径小于最小值，则更换连杆螺栓。

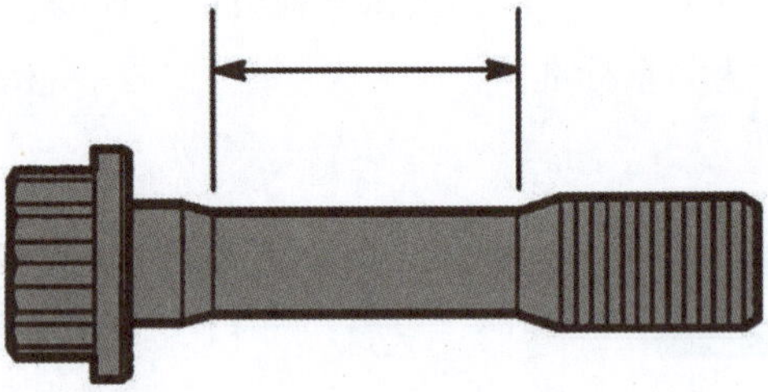

图 3-68　检查连杆螺栓受力部分直径

（6）使用活塞环钳（扩张器），拆下所有的气环。用手拆下油环，按正确的顺序摆放活塞环。**注意**：观察两道气环的区别，气环安装是需要注意方向的，将观察内容用文字或图片简略记录在下面。

（7）清洁活塞顶部、环槽等部分，注意不要刮伤活塞。清洁气缸、连杆轴颈等部位。

（8）准备进行安装，通过维修资料查找连杆螺栓的拧紧力矩，拧紧时需要分几次交替拧紧螺母，参考力矩 29 N · m。

（9）按拆卸相反顺序进行安装。安装连杆轴承时，轴承凸起要对准连杆或连杆盖的凹槽。在需要润滑的部分，涂抹上机油。注意活塞环开口方向，用文字或图片简略记录在下面。使用活塞环收紧器，按正确的位置把活塞和连杆总成推入各自的气缸，活塞的前标记朝前。

（二）检查活塞与气缸的配合间隙

（1）测量气缸的直径，将测量值对比维修手册标准值，如果缸径超过最大值，重新镗削所有4个气缸。如果必要，更换气缸体。记录气缸直径，上部横向________，上部纵向________；中部横向________，中部纵向________；下部横向________，下部纵向________。

（2）以上测量的最大值 a 为________。通过维修手册查找出气缸标准范围为________，气缸________（需要/不需要）维修或更换。

（3）使用千分尺，在与活塞销孔轴线垂直的方向测量活塞直径，测量的具体位置参考维修手册。例如，丰田5A发动机，测量位置在距离活塞顶28.5mm处，丰田1ZR发动机，测量位置在距活塞底部12.6mm处。

（4）查找维修手册，标准活塞直径范围是________。

（5）分别用气缸缸径最大测量值和最小测量值减去活塞直径测量值，其间隙范围为________。如果间隙大于最大值，则更换所有活塞；如有必要，更换气缸体。参考：丰田5A发动机，其标准间隙0.075～0.095mm，最大间隙0.115 mm；丰田1ZR发动机，标准油膜间隙0.029～0.052mm，最大间隙0.09mm。

（三）检查活塞环的配合间隙

1. 活塞环背隙的检查

用________测量活塞环槽深度，其值为________；用________测量活塞径向厚度，其值为________。

2. 活塞环侧隙的检查

清洁活塞环槽和活塞，将活塞环放入活塞环槽，用________测量其间隙为________。查找标准值，测量值属于________（正常/不正常）。

3. 活塞环端隙的检查

检查活塞环端隙，把活塞环放入气缸，使用活塞顶推入活塞环到气缸中部，使用

________测量活塞环端口的间隙，查找标准值，其值属于________（正常/不正常）。

（四）检查连杆的损坏情况

（1）直观检查连杆是否存在弯曲、扭曲，安装连杆的承孔是否存在磨损。如果存在明显的损坏，建议更换。

（2）使用内径百分表，测量连杆的圆度及圆柱度。

（3）使用连杆校正器和塞尺，检查连杆变形，其弯曲度为________。

（4）使用连杆校正器和塞尺，检查连杆变形，其扭曲度为________。

（5）查找维修手册，测量的弯曲度和扭曲度________（在标准范围内/超过最大值）。

任务三 曲轴飞轮组的结构与维修

一、实训内容与要求

熟悉曲轴飞轮组的组成及拆装方法；会检测连杆与曲轴连杆轴颈配合间隙；会检测曲轴的径向间隙和轴向间隙；会检测曲轴的弯曲量及轴颈的磨损情况。

二、实训器材及资料

发动机拆卸台架、百分表支架、曲轴支撑 V 形架、一盒套筒、扭力扳手、橡胶锤等，千分尺等，实训发动机的维修手册。

三、实训步骤

（一）检测连杆与曲轴连杆轴颈配合间隙

1. 检查连杆止推间隙

（1）检查连杆止推间隙，安装百分表支架，让百分表测量杆抵住________。

（2）此时需要将百分表预压一定的行程，此时小表盘读数为________。

（3）使用百分表，前后移动连杆测量止推间隙，在此过程中，百分表的读数分别是________和________，计算其间隙为________。

（4）查找维修手册，例如丰田 5A 发动机标准止推间隙为 0.15 ~ 0.25mm，最大止推间隙为 0.30mm。如果止推间隙超过最大值，更换连杆总成。

2. 检测连杆与曲轴配合间隙

参考曲轴的径向间隙检测，检测连杆与曲轴配合间隙。测量的间隙为________，对比标准值________，属于________（正常/不正常）。

（二）曲轴飞轮组的拆装

此项目可以和活塞连杆组的拆装一起完成，也可以准备带有曲轴的气缸体总成。

（1）按从________到________的顺序，依次拆下________个主轴承盖螺栓。

（2）用2个已拆下的主轴承盖螺栓拆下________个主轴承盖和5个下轴承。

如图3-69所示，将2个主轴承螺栓轻轻地向上拉并向气缸体的前、后侧施加力，将轴承盖拉出。

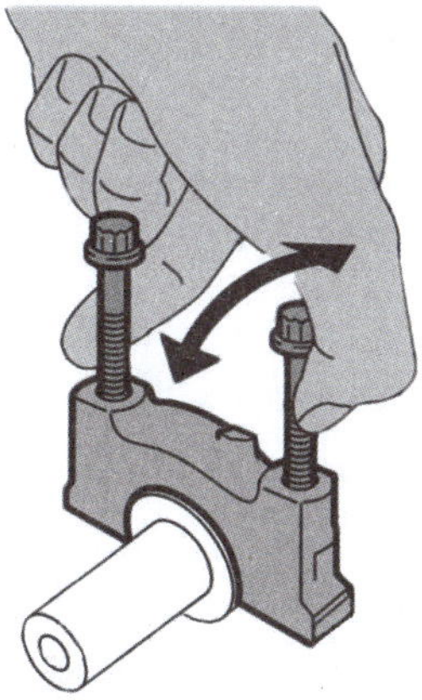

注意：不要损坏轴承盖和气缸体的接触面。

图3-69 拆下轴承盖

（3）将下轴承和主轴承盖作为一个组件保存，摆放时需要按正确的顺序。

（4）提出曲轴，拆下止推轴承，分别从气缸体上和________上，拆下所有的主轴承，按顺序将主轴承摆放好。

（5）安装曲轴轴承。清洁曲轴上轴承及上轴承座孔，将带机油槽的上轴承安装到气缸体上，注意不要在轴承和接触表面上涂抹发动机机油。用刻度尺测量气缸体边缘和上轴承边缘间的距离。1ZR发动机参考标准为0.5～1.0mm。

（6）安装下轴承。将下轴承安装到轴承盖上。用游标卡尺进行检测，并对比维修手册提供的标准。

（7）使机油槽向________（内/外），安装曲轴上止推垫圈，注意在曲轴止推垫圈上涂抹发动机机油。

（8）安装曲轴，安装前在曲轴上轴承、下轴承、轴承盖螺栓等处涂抹机油。

（9）安装轴承盖，用________（橡胶锤/铁锤）轻轻敲击轴承盖以确保正确安装，按照从________（中间/两端）到________（中间/两端）的顺序，将10个轴承盖螺栓拧紧到规定力矩（丰田1ZR发动机参考值为40N·m），用油漆在轴承盖螺栓前端做标记，将轴承盖螺栓再紧固90°，如图3-70所示。

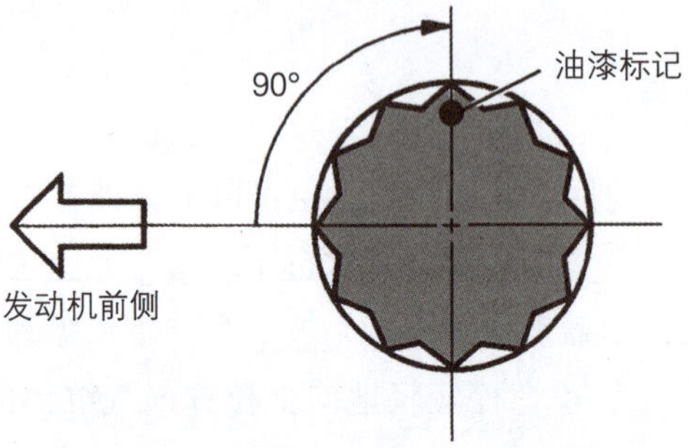

图3-70　二次拧紧轴承盖螺栓

（10）检查并确认曲轴转动顺畅。

（三）检测曲轴的径向间隙和轴向间隙

1. 测量曲轴的径向间隙

（1）拆卸曲轴轴承盖。

（2）在曲轴各个主轴颈上放置塑料间隙规。

（3）通过维修手册查找轴承盖螺栓的拧紧力矩，力矩为________。

（4）不转动曲轴，拆下轴承盖。测量压扁后间隙规最宽处，其值为________。

（5）对比标准值，________（需要/不需要）更换曲轴轴承。

（6）清洁及复位。

2. 测量曲轴的轴向间隙

（1）安装百分表支架。

（2）测量曲轴轴向间隙为________。

（3）查找维修标准________。

（4）对比标准值，________（需要/不需要）更换曲轴止推轴承。

（四）检测曲轴的弯曲量及轴颈的磨损情况

1. 检测曲轴的弯曲量

（1）用V形块支撑曲轴。

（2）安装百分表，将百分表测量杆抵住曲轴第________个主轴颈，转动曲轴，测量曲轴的径向圆跳动为________。

（3）查找维修资料，最大径向圆跳动为________。

（4）对比测量值和查找到的最大径向圆跳动值，判断曲轴________（正常/需要更换）。

2. 检测曲轴轴颈的磨损情况

（1）使用千分尺，测量每个主轴颈和曲柄销直径，测量位置参考图 3-71 所示，并进行记录：________。

（2）查找维修资料，主轴颈和曲柄销直径标准尺寸分别为________。

（3）对比测量值和标准值，曲轴________（需要/不需要）更换。

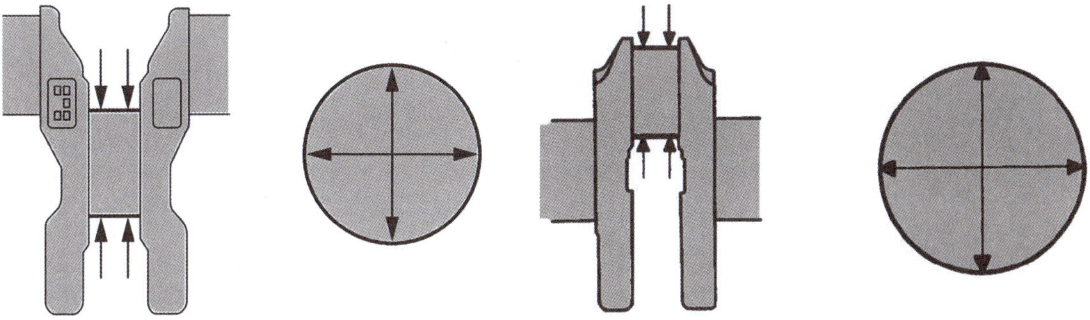

a）主轴颈测量位置　　b）连杆轴颈测量位置

图 3-71　曲轴主轴颈和连杆轴颈测量位置

项目四
配气机构的结构与维修

任务一 气门传动组的结构与维修

一、实训内容与要求

熟悉气门传动组的组成及拆装方法；会检测凸轮轴的损坏情况；会调整或检查气门间隙。

二、实训器材及资料

发动机拆卸台架、百分表支架、凸轮轴支撑V形架、一盒套筒、一盒扳手、扭力扳手、橡胶锤等，记号笔、千分尺等，实训发动机的维修手册。

三、实训步骤

（一）正时带传动式气门传动组的拆装

（1）以丰田5A发动机为例，拆卸气缸盖罩、链条或传动带罩。

（2）如图4-66所示，采用工具________，转动曲轴正时带轮，将正时带轮槽口对准1号正时带罩上的正时标记“0”。

图4-66 带轮上的记号

（3）检查凸轮轴正时带轮的“K”标记与轴承盖的正时标记是否对准，________（是/不是）。如果不是，转动曲轴________°，使记号对齐。

（4）使用专用工具拆下正时带轮螺栓和正时带轮。

（5）拆下传动带罩。旋松惰轮安装螺栓，拆下张紧弹簧。

（6）拆下正时带。如果重复使用正时带，按发动机旋转的方向在正时带上画一个方向箭头，并如图 4-67 所示，在正时带轮和正时带上做出定位标记。

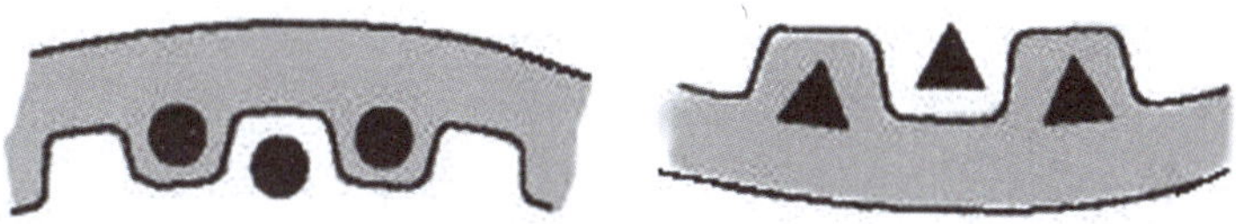

a）凸轮轴端正时带记号　　b）曲轴端正时带记号

图 4-67　在正时带轮上的记号

（7）拆下惰轮、曲轴正时带轮等元件。

（8）拆下凸轮轴。

1）拆下凸轮轴正时带轮。用扳手夹持凸轮轴的六角头部分，并松开正时带轮螺栓。

2）转动凸轮轴的六角部分将副齿轮小孔转上来，拆下两个螺栓和 1 号轴承盖。使用维修螺栓固定主、副齿轮。

> **注意**：此时不要让扳手撞击气缸盖，以免造成气缸盖损坏。

3）按标出的顺序分几次均匀地拧松 8 个轴承盖螺栓。拆下 4 个轴承盖和凸轮轴。不要用工具或其他物体撬动和用力拆除凸轮轴。拆卸另一凸轮轴。观察两排轴承盖朝前记号及安装顺序号，观察螺柱盖紧固螺栓是否相同。简要地将观察的情况记录在下面。

如果凸轮轴没有被水平地向上顶起，用两个螺栓重新安装轴承盖，然后向上拉凸轮轴齿轮并交替地旋松，拆下轴承盖螺栓。

（9）按相反顺序进行安装。装配时，需要保持水平装入凸轮轴。在需要润滑的地方涂抹润滑油，在需要密封的地方安装密封垫或涂抹密封胶。安装时，注意对齐装配标记。检查正时带挠度，应为 5 ~6mm。在上止点位置，慢慢顺时针转两圈再回到上止点位置。

（二）正时链条传动式气门传动组的拆装

（1）拆卸气缸盖罩、链条或链轮罩。

（2）以丰田 1ZR 发动机为例，转动曲轴，将 1 号气缸摇转到压缩上止点，观察此时________处的正时记号并用文字或简图，描述在下面。

（3）拆卸曲轴正时链轮，拆卸 1 号链条张紧器总成，拆卸正时链条盖分总成等。

（4）拆卸链条分总成。用扳手固定住凸轮轴的六角头部分，逆时针旋转凸轮轴正时链轮总成，以松开凸轮轴正时链轮之间的链条。链条松开时，将链条从凸轮轴正时链轮总成上松开，并将其放置在凸轮轴正时链轮总成上。顺时针转动凸轮轴，使其回到原来位置，并拆下链条。

（5）拆卸凸轮轴轴承盖。按图 4-68 所示顺序，均匀地拧松并拆下 10 个轴承盖螺栓，再均匀地拧松并拆下 15 个轴承盖螺栓，拆下 5 个轴承盖。

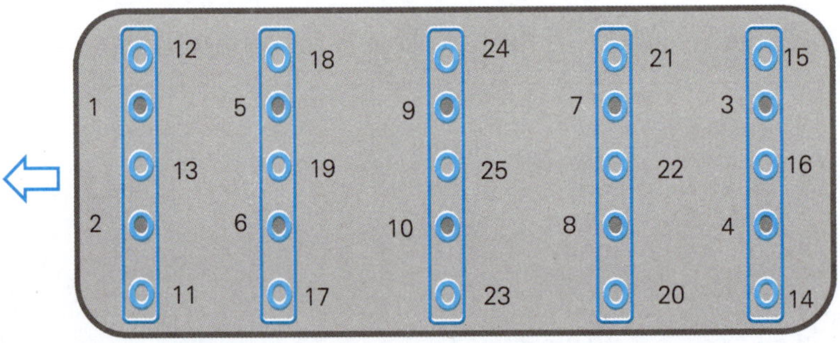

图 4-68 凸轮轴轴承盖固定螺栓的拧松顺序

（6）拆下凸轮轴。

（7）按相反顺序进行安装。

（三）检测凸轮轴的损坏情况

（1）目视检查凸轮轴外观，凸轮轴轴颈________（有/无）明显损坏，凸轮轴凸轮

________（有/无）明显损坏，凸轮轴键槽或键________（有/无）明显损坏。

（2）检查凸轮轴的弯曲度。用百分表触头抵在第________道轴颈上，转动凸轮轴________°，查找维修手册对比标准值，测量值属于________（正常/不正常）。

（3）测量曲轴轴向间隙和径向间隙，轴向间隙测量值为________，径向间隙测量值为________。

（4）检查凸轮轴轴颈，测量的 4 个值：________、________、________、________，取其平均值为：________。查找维修资料的标准值为________，测量值属于________（正常/不正常）。

（5）检查凸轮轴凸轮高度，测量的 2 个值：________、________，取其平均值为：________。查找维修资料的标准值为________，测量值属于________（正常/不正常）。

（四）气门间隙的检查

1. 根据以下方法介绍，选择________（两次/逐缸）调整或检查气门法

（1）根据四缸发动机做功顺序 1 – 3 – 4 – 2，以及发动机工作循环，填写表 4–1。

表 4–1　四缸发动机工作循环表

曲轴转角/（°）	第一缸	第二缸	第三缸	第四缸
0 ~ 180	做功			
180 ~ 360				
360 ~ 540				
540 ~ 720	压缩	做功	进气	排气

（2）1 缸处于压缩上止点时，此时曲轴转角为 0°，1 缸处于压缩行程末，进气门和排气门都关闭，2 缸处于做功行程末，排气门已提前打开，3 缸处于进气行程末，进气门尚未关闭，4 缸处于排气行程末，排气门迟后关闭，进气门提前打开，两个气门都未关闭。可以调整的气门见表 4–2。

表 4–2　1 缸处于压缩上止点时可以调整或检查的气门

气门	第一缸	第二缸	第三缸	第四缸
进气门	●	●	○	○
排气门	●	○	●	○

（3）采用两次调整法时，通常按照“双–排–不–进”的方法进行，做功顺序 1 – 3 – 4 – 2，分别对应“双–排–不–进”，1 缸“双”即可以调整________气门，3 缸“排”即可以调整________气门，4 缸“不”即不调，2 缸“进”即调整________气门。

（4）采用逐缸调整法，调整 1 缸后，需要摇转曲轴________°，再调整________缸，再依次调整 4 缸和 2 缸。

2. 根据你对调整或检查气门方法的选择，完成以下作业

（1）你所实训的发动机，采用的气门间隙调整机构是________（机械挺柱/液压挺柱/螺栓调整），你需要对发动机气门间隙进行________（调整/检查）。

（2）你采用的气门调整或检查方法是________（逐缸检查法/两次调整法）。

（3）摇转曲轴，判断________缸处于压缩上止点位置。

（4）调整如下气缸的进气门或/和排气门：________。

（5）摇转曲轴________°，调整如下气缸的进或/和排气门：____。

（6）________（是/不）需要再次摇转曲轴，依次调整其他气门。

任务二 气门组的结构与维修

一、实训内容与要求

熟悉气门组的组成及拆装方法；会检测气门组的元件损坏情况；会研磨气门，会铰削气门座圈。

二、实训器材及资料

发动机拆卸台架、气门弹簧钳、气门铰刀、研磨砂、气门捻子、气门导管冲子、气门油封拆装专用工具、气门等零件摆放台（图 4-69）、游标卡尺、钢直尺、橡胶锤、尖嘴钳、护目镜等，实训发动机的维修手册。

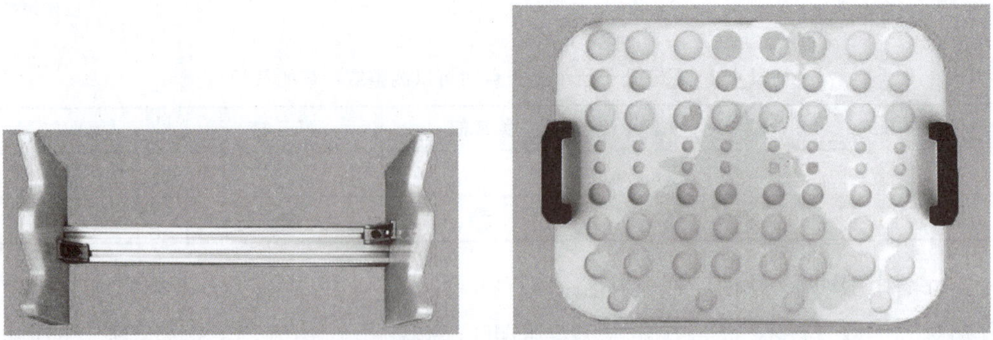

图 4-69 气门等零件摆放台

三、实训步骤

（一）气门组的拆装

（1）按规范要领拆下凸轮轴。

（2）戴上护目镜，用木块支撑气缸盖，用________压缩气门弹簧，拆下气门座圈锁片，再依次拆下液压挺柱、气门、气门座圈、气门弹簧等零件。依次将液压挺柱、进排气门、气门弹簧、锁片、气门座圈等按顺序摆放好。

（3）用气门油封专用拆装工具或尖嘴钳拆下气门油封，观察并记录进气门和排气门的气门油封是否有区别：________（相同/大小不同/颜色不同）。

（4）用磁棒吸出气门弹簧下座圈。

（5）在需要润滑部位涂抹上润滑油，例如气门油封、气门杆部等处。

（6）按相反顺序进行安装。

（二）气门组的检修

（1）气门外观的目视检查，见表4-3，合格打√，不合格打×。

表4-3　气门外观检查表

气门类型	气门检查项目						处理意见
	座部位点蚀	头部余量厚度	杆部弯曲	杆部点蚀磨损	锁片槽磨损	杆顶端磨损	
进气门							
排气门							

（2）使用量具________测量气门的长度，进气门长度为________，排气门长度为________。使用量具________测量气门的杆部直径，进气门杆部直径为________，排气门杆部直径为________。

（3）使用量具________测量气门的头部直径，进气门头部直径为________，排气门头部直径为________。

（4）检查气门锥面上的接触面宽度，进、排气门气门锥面上的接触面宽度分别为________、________。

（5）检查气门座的接触面宽度，进、排气门气门座的接触面宽度分别为________、________。

（6）进、排气门对气门座的同心度检查：进气门与气门座的同心度________（合格/不合格），排气门与气门座的同心度________（合格/不合格）。

（7）气门锥面位置检查，进气门气门锥面________（合格/不合格），排气门气门锥面________（合格/不合格）。

（8）查找维修手册，对比测量的值，确定维修方案：________（是否需要更换气门、座圈等，是否需要研磨或铰削气门座等）。

（9）使用经验法，检查气门导管，气门下落速度____（正常/过快），说明________（需要/不需要）更换气门导管。如果需要更换气门导管，气门导管应该朝气缸盖________（底面/顶面）冲出。

（10）检查气门弹簧，________（有/无）裂纹、磨损、变形等，使用________量具测量气门弹簧长度，测量值为________。

（三）气门座圈的铰削

（1）检查确认气门导管与气门的间隙，属于________（正常/异常）。

（2）砂磨硬化层，选择铰刀导杆和________。

（3）选择________°的铰刀初铰，铰完后气门密封锥面的宽度是________。

（4）密封锥面的接合位置在________（居中偏小端/偏小端/偏大端），选择________°的铰刀精铰。

（5）精铰完，测量工作锥面宽度为________。

（四）研磨气门和气门座圈

（1）将气缸盖倒置，将汽油或水加入燃烧室，观察进气门座圈是否泄漏，泄漏的是________（进气门座圈或/和排气门座圈）。

（2）进气门、排气门属于第________缸的气门，________（有/无）记号。

（3）观察粗研磨砂与细研磨砂的区别，准备好气门捻子，在________（位置）涂抹粗研磨砂。

（4）观察工作锥面出现接触环带时，清洁区研磨砂，涂抹上细砂。

（5）涂抹润滑油再次研磨。

（6）试漏。在5min中________（无泄漏/进气门/排气门）泄漏。

任务三 配气相位和可变气门正时的维修

一、实训内容与要求

会检查发动机的配气相位；会检查发动机的可变气门正时系统。

二、实训器材及资料

发动机运行台架、量角器或辅助纸盘、一盒套筒、万用表、百分表及支架等，实训发动机的维修手册。

三、实训步骤

（一）配气相位的检查

（1）发动机运行 1 ~ 3min 后熄火，以防实训发动机温度过高，影响操作。

（2）拆下发动机气缸盖罩。

（3）摇转发动机到 1 缸排气上止点，逆时针摇转曲轴至进气凸轮基圆朝向气门挺柱，安装百分表，将百分表触头抵住 1 缸进气门挺柱。

（4）顺时针转动曲轴，观察百分表表针偏转时，测量曲轴带轮正时记号与壳体上正时记号之间的夹角，此进气提前角为________°。

（5）继续顺时针转动曲轴超过半圈，观察百分表表针不再偏转时，测量曲轴带轮正时记号对角处与壳体上正时记号之间的夹角，此进气迟后角为________°。

（6）思考一下，测出排气提前角为________°，排气迟后角为________°

（二）可变气门正时的检查

1. 检查凸轮轴正时机油阀

（1）将点火开关置于________档位，拔下凸轮轴正时机油阀的插接器，将万用表置于________档位________量程，测量其电阻为________Ω。

（2）施加蓄电池电压，将蓄电池________（正极连线/负极连线）连接端子 1，将蓄电池________（正极连线/负极连线）连接端子 2，机油阀应该迅速移动。

（3）断开线束两端插接器，检查机油正时阀的连接导线是否断路，两条线的电阻分别为________Ω 和________Ω。

（4）断开线束两端插接器，检查机油正时阀的连接导线是否短路，两条线之间电阻为________Ω，两条线与接地之间的电阻分别为________Ω 和________Ω（如果为无穷大，可以填∞）。

（5）拆卸机油正时阀，检查内部机油滤清器是否需要清洁。

2. VVT 传感器的检查

（1）检查线束是否断路，各导线电阻分别为________Ω。

（2）检查线束是否短路，各导线与接地之间电阻分别为________Ω，各导线之间的电阻为________Ω和________Ω。

（3）将点火开关置于________档位，断开传感器插接器，将点火开关置于________档位，检查VC的供电电压为________V。

（4）运转发动机，检查传感器波形。检查正时记号、凸轮轴上的信号盘是否损坏。

项 目 五 燃料供给系统的工作原理与维修

任务一 空气供给系统的工作原理与维修

一、实训内容与要求

会对进气系统进行拆装及维护；会对排气系统进行拆装及维护。

二、实训器材及资料

发动机运行台架或实训车辆、吹气枪、一盒套筒、螺钉旋具、常用扳手、手电筒等。

三、实训步骤

（一）进气系统的拆装与维护

（1）拆下空气滤芯进行检查维护。检查空气滤清器上盖固定卡扣或螺栓________（正常/不正常），用布清洁空气滤清器上盖及下盖。

（2）检查空气滤芯密封条________（正常/不正常），检查空气滤芯滤纸________（需清洁/需更换/正常）。

（3）检查波纹管是否有裂纹。

（4）观察节气门体上是否有冷却液管，如果有冷却液管，将冷却液放出在干净的容器中，拆下节气门体。

（5）清洁节气门体，检查节气门________（有/无）积炭，阀门螺栓________（有/无）松动，阀门关闭________（是/不）严密，________（有/无）旁通气道。

（6）安装节气门体，连接其插接器，观察阀门________（是/不）严密，踩下加速踏板，观察阀门________（能/不能）全开。

（7）查找维修资料，用诊断仪对节气门体进行调试，发动机应怠速运行平稳。

（二）排气系统的拆装与维护

（1）检查发动机共有________处密封垫，检查密封垫周围________（有/无）漏气现象。

(2) 检查实训车辆排气管共有________处吊胶，吊胶应无________缺失或损坏。

(3) 检查三元催化转化器________（有/无）明显损伤，照射三元催化转化器________（有/无）堵塞。

任务二 燃油供给系统的工作原理与维修

一、实训内容与要求

会对进气系统进行拆装及维护；会对排气系统进行拆装及维护。

二、实训器材及资料

发动机运行台架或实训车辆、万用表、一盒套筒、螺钉旋具、常用扳手、燃油压力表、喷油器清洗仪等，实训发动机的维修手册，灭火器。

三、实训步骤

（一）燃油压力的检查

(1) 卸压。断开________，起动发动机，等待发动机熄火。再次起动发动机，再次等待发动机自然熄火，直到发动机不能起动。

(2) 安装燃油压力表，如果实训车辆带有燃油压力表，可以安装或不安装。连接________，重新起动发动机，等待发动机怠速运行稳定，此时，发动机燃油压力为________kPa。

(3) 如果发动机带有燃油压力调节器，断开燃油压力调节器上的真空管，或用布和钳子包夹住回油管，分别检查此时燃油压力值，进而判断燃油压力调节器功能是否正常。

(4) 检查残余燃油压力。等待发动机熄火 30min 后，再次读取燃油压力值为________kPa，如果残余压力低于要求值，故障原因可能是________。

（二）就车检查喷油器

(1) 检查喷油器的供电电压，采用万用表________档位________量程，红色表笔连接插接器 1 号端子，黑色表笔连接________，电压为________V。

(2) 检查发动机上所有喷油器的电阻，分别为________Ω。

（3）检查喷油器的控制脉冲信号，发光二极管________（闪/不闪）。

（三）清洗和检测喷油器

（1）拆卸喷油器或采用现有的喷油器，将其安装在喷油器清洗仪上。

（2）调整清洗仪的燃油压力为________。

（3）选择均匀性检测，各喷油器喷油量最大的差别为________。

（4）选择雾化性检测，正常的喷油器为____________（填缸号），不正常的喷油器为________（填缸号）。

（5）选择喷油量检测，在________s 内，喷油量为________。

（6）选择密封功能检测，在________时间内，没有漏油。

（7）如需要，对喷油器进行自动清洗，清洗后重新检测。

（四）检查燃油泵

（1）就车检查燃油泵电阻为________Ω。

（2）查找燃油泵电路。对燃油泵施加蓄电池电压，蓄电池正极连接燃油泵插接器端子________，蓄电池负极连接燃油泵插接器端子________，燃油泵________（工作/不工作）。此时需要注意，燃油泵应密封良好，以防发生火灾。

实训提示： 在进行电路检测前，实训指导教师可以设定相应的故障（下同，不再提示）。

（3）检查燃油泵电路，燃油泵供电电压为________V，燃油泵负极与搭铁之间电阻为________Ω。

（4）检查发动机控制单元 FC 的电压值，点火开关在 ON 位置时，FC 为________V；起动时，FC 约为________V。

（5）根据燃油泵电路，检查燃油泵继电器及相关的熔丝，记录检查的情况：________。

（6）你确定的故障原因及维修方案是：________。

任务三　电控系统的工作原理与维修

一、实训内容与要求

会检查电控系统电压、电源电路及 5V 输出电路；会检查电控系统的相关传感器；会检查故障指示灯、炭罐电磁阀、节气门电动机等执行器。

二、实训器材及资料

发动机运行台架或实训车辆、万用表、一盒套筒、螺钉旋具、常用扳手、手动真空枪等，实训发动机的维修手册，灭火器。

三、实训步骤

（一）检查电控系统电压、电源电路及5V输出电路

（1）找到BATT和E1端子或实训发动机上带有的测量孔，将点火开关置于________（OFF/ON），检查BATT与E1之间的电压为________V，检查给BATT供电的EFI MAIN熔断器________（熔断/正常）。

（2）检查E1与搭铁之间的阻值为________Ω。

（3）将点火开关________，检查IGSW与E1之间的电压为________V。若异常，检查相关电路。

（4）检查+B和+B2与E1之间的电压为________V。若异常，检查故障原因是________。

（5）检查节气门位置传感器的供电电压为________V，说明VC输出电路________（正常/异常）。

（二）传感器的检查

1. 检查空气流量传感器

（1）查找资料或通过观察，发现空气流量传感器属于________（翼片式/卡门式/热线式/热膜式）。

（2）该空气流量传感器________（单独安装/与温度传感器集成安装）。

（3）该空气流量传感器有________根连接线，________是电源线，________是负极线，________是信号线。

（4）测量供电电压是________V，起动发动机测量信号电压是________V，测量结果属于________（正常/异常）。

（5）检查该传感器本体部分，应该无异物遮挡。

2. 检查进气歧管压力传感器

（1）如果该进气歧管压力传感器有真空管，使用真空枪检查，应无破裂或堵塞。

（2）该传感器有________根连接线，________是电源线，________是负极线，

________是信号线。

（3）测量供电电压是________ V，起动发动机测量信号电压是________ V，加大节气门让真空度变小或使用真空枪来减小真空，此时电压________（变大/变小），测量结果属于________（正常/异常）。

（4）如果上述结果测量异常，检查以上线路是否断路或短路。

3. 检查进气温度和冷却液温度传感器

（1）断开传感器的插接器，重新打开点火开关，检查供电电压，进气温度传感器的供电电压是________ V，冷却液温度传感器的供电电压是________ V。

（2）如果异常，检查连接线路是否短路、断路。

（3）连接传感器的插接器，重新打开点火开关，检查信号电压，进气温度传感器的信号电压是________ V，冷却液温度传感器的信号电压是________ V，查找维修资料对比以上测量结果。

（4）检查传感器的电阻，利用吹风机加热进气温度传感器和冷却液温度传感器，利用万用表或温度计检查传感器的温度分别为________℃、________℃、________℃，传感器的电阻分别为________ Ω、________ Ω、________ Ω。

（5）查找维修资料，对比以上测量值，属于________（正常/不正常）。

4. 节气门位置传感器的检查

（1）检查组合式或可变电阻式节气门位置传感器。

1）观察或查找维修资料，实训用的发动机的节气门位置传感器属于________（可变电阻式/组合式）。

2）节气门位置传感器共有________条连接线，________为电源线，________为负极源线。

3）打开点火开关，检查电源线与负极线之间的电压为________ V。如果异常，检查电路是否存在短路或断路。

4）打开点火开关，检查信号线与负极线之间的电压为________ V，如果异常，检查电路是否存在短路或断路。逐步打开节气门，观察信号电压是否持续变化，检查滑动电阻VTA与E2之间的电阻是否连续。

5）________（有/无）怠速开关触点，如有怠速开关触点，检查节气门关闭和打开时，怠速开关的电阻分别为________。

（2）霍尔式节气门位置传感器的检查。

1）检查节气门位置传感器与ECU之间的线束有无断路现象，测量4条连线的电阻分别为________ Ω、________ Ω、________ Ω、________ Ω。

2）断开插接器，检查节气门位置传感器VC、VTA、VT2是否对地短路，检查其对地电阻为________Ω、________Ω、________Ω。

3）检查 VC 与 E2 之间的电压为________V。

4）点火开关置于 ON 位置，节气门全关时，VTA 电压为________V；节气门全开时，电压为________V。

5）点火开关置于 ON 位置，节气门全关时，电压为________V；节气门全开时，电压为________V。

5. 加速踏板位置传感器的检查

（1）加速踏板位置传感器共有________条连接线，________为电源线，________为负极源线。

（2）点火开关置于 ON 档位时，分别测量 VPA 和 VPA2 与搭铁之间的电压为________V。

（3）测量加速踏板位置传感器的信号电压。在松开加速踏板时，VPA 的电压为________V，VPA2 的电压为________V；在踩下加速踏板时，VPA 的电压为________V，VPA2 的电压为________V。

（4）断开加速踏板位置传感器插接器，测量 EPA2 和 VPA2、EPA 和 VPA 之间的阻值为________kΩ。

（5）检查加速踏板位置传感器与 ECU 之间的线路有无断路现象，每条线的阻值都应小于________Ω。

（6）检查加速踏板位置传感器与 ECU 之间的线路有无短路现象，EPA、VPA、EPA2、VPA2 与搭铁之间的阻值都应大于________kΩ。

6. 氧传感器的检查

（1）检查氧传感器加热器电阻，加热器 20℃时的阻值为________Ω，加热器与氧传感器端子 4 之间的阻值为________kΩ。

（2）检查端子电压，测量氧传感器 +B 与车身搭铁之间的电压为________V 左右，检查 EFI No. 2 熔丝________（正常/断路）。

（3）检查线束和插接器。断开前氧传感器插接器和 ECU 插接器，检查前氧传感器 1 号端子与 ECU 109 号端子之间电阻为________Ω，检查 1 号端子与车身搭铁之间电阻为________kΩ。

（4）暖机后，检查氧传感器信号电压为________V，电压________（有/无）波动。

（5）按同样方法，检查后氧传感器，记录相关的测量值____。

（三）执行器的检查

1. 故障指示灯的检查

（1）检查故障指示灯，点火开关置于 ON 位置时，故障指示灯________（亮/不亮）。当发动机起动时，故障指示灯________（一直亮/熄灭）。

（2）断开 ECU 插接器，将点火开关置于 ON 档位。

（3）测量 ECU A50－24 与车身搭铁之间的电压，应为________V。如果正常，则更换 ECU；如异常，进行下一步。

（4）断开组合仪表插接器，断开 ECU 插接器，测量组合仪表 E46－20 和 ECU A50－24 之间的阻值为________Ω。

2. 炭罐电磁阀的检查

（1）检查炭罐电磁阀与 ECU 之间接线，其电阻为________Ω，其对地电阻为________Ω。

（2）将点火开关置于________档位，检查 2 号端子与搭铁之间的电压为________V，如果不正常，检查相关熔丝和继电器。

（3）检查炭罐电磁阀两个接线端子之间的电阻值约为________Ω，查找维修手册，对比测量值是否正常。

（4）利用诊断仪主动测试功能或手动真空泵，检查炭罐电磁阀是否堵塞，检查结果为________。

3. 节气门电动机的检查

（1）使用万用表________档位________量程，在 20℃时检测 M＋ 与 M－之间的电阻值为________Ω。查找维修资料，对比标准值，测量值________（正常/异常）。

（2）检查节气门控制电动机与 ECU 之间 2 条接线的阻值，电阻分别为________Ω 和________Ω。

（3）检查节气门控制电动机 2 条接线与搭铁之间的阻值，电阻分别为________Ω 和________Ω。

（4）检查节气门与壳体之间是否有杂物。

（5）检查 ETCS 熔丝的输出电压为________V，检查该熔丝与 ECU A50 端子之间的线束或 ECU 针脚。

（6）检查节气门控制电动机的工作声音。将点火开关置于________档位，踩下加速踏板时，检查电动机的工作声音________（声音正常/没有声音/声音异常）。

任务四　废气涡轮增压系统的工作原理与维修

一、实训内容与要求

会检查增压压力调节电磁阀；会检查机械式换气阀；会检查涡轮增压器循环空气阀；会检查废气旁通阀。

二、实训器材及资料

带有涡轮增压系统的发动机运行台架或实训车辆、万用表、一盒套筒、螺钉旋具、常用扳手、手动真空枪等，实训发动机的维修手册。

三、实训步骤

（一）增压压力控制电磁阀的检查

（1）用万用表测量该电磁阀电阻，测量值为________Ω。

（2）检查其供电电压为________V。如果不正常，应该检查________熔断器。

（3）给电磁阀施加12V电压，正极连接________端子，负极连接________端子，用压缩空气吹气检查，通电时三个端口应互通，断电时膜片执行器的左室与低压空气端连通。

（二）机械式换气阀的检查

通过软管将C端与手动真空泵连接，扳动真空泵则产生真空力，此时A、B两端________（相通/不通）；解除真空，A、B两端________（相通/不通）。

（三）检查涡轮增压器循环空气阀

（1）用万用表测量其阻值，测量值为________Ω。

（2）不通电或给电磁阀供12V直流电，检查并记录3条连接管的相通情况：________。

（3）检查该空气阀的供电电压为________V。

（4）检查该阀与发动机控制单元之间连线的电阻为________Ω，检查该连线对地电阻为________Ω。

（四）中冷器的检修

（1）起动发动机运行至暖机，检查中冷器空气进口温度和空气出口温度分别是________℃和________℃。

（2）检查中冷器连接空气管________（有/无）松动，________（有/无）裂纹或老化。

（3）检查中冷器散热片________（有/无）脏污。

（五）废气旁通阀的检修

用真空枪连接废气旁通阀出口，施加真空压力，检查推杆________（不移动/移动正常）。

任务五　缸内喷射电控系统的工作原理与维修

一、实训内容与要求

会检查燃油压力传感器；会检查氧传感器；会检查喷油器；会检查燃油压力调节器；会检查燃油泵电路。

二、实训器材及资料

直喷发动机运行台架或实训车辆、万用表、一盒套筒、螺钉旋具、常用扳手等，实训发动机的维修手册。

三、实训步骤

（一）燃油压力传感器的检查

（1）断开燃油压力传感器线束两端的插接器，检查各接线的电阻为________Ω、________Ω、________Ω。

（2）检查各接线的对地电阻分别为________Ω、________Ω、________Ω。

（3）检查传感器的供电电压为________V，利用专用配线或从线束后端，检查其信号电压为________V。

（4）利用故障诊断仪，检查是否有燃油压力传感器相关的故障码，根据维修手册提示进行检查。

（二）宽频氧传感器的检查

（1）查找维修手册，端子________和端子________之间为1号氧传感器加热器，检查加热器的电阻为________Ω。

（2）查找维修手册，端子________和端子________之间为2号氧传感器加热器，检查加热器的电阻为________Ω。

(3) 查找维修手册，检查线束是否存在短路与断路，检查前、后氧传感器与控制单元的接线电阻分别为________Ω，检查接线对地电阻分别为________。

(4) 起动发动机达到正常温度，用诊断仪或万用表读取氧传感器的电压分为________V 和________V，对比维修手册，如果异常，按提示进一步检查。

(三) 喷油器的拆装

练习喷油器拆装，需要准备喷油器密封圈。拆卸的关键步骤是对燃油压力进行卸压。

(1) 拔下活性炭罐插头。

(2) 拔下燃油泵熔丝________(熔丝名称或序号)。

(3) 起动发动机。

(4) 连接专用诊断仪，读取燃油压力值为________，观察燃油压力是否开始下降。

(5) 当燃油压力在 0.6 ~ 0.8MPa 时，关闭发动机，拆下喷油器或其他高压部分。

(6) 完成修理后，要清除故障码。

(四) 燃油压力调节器的检修

(1) 检查燃油压力调节器与控制单元之间的线路是否断路，检查其接线电阻分别为________Ω 和________Ω。

(2) 检查燃油压力调节器与控制单元之间的线路是否短路，检查接线之间电阻为________Ω，检查接线对地电阻为________Ω 和________Ω。

(3) 检查燃油压力调节器电阻为________Ω。

(4) 检查燃油压力调节器的供电电压为________V。

(5) 用诊断仪驱动燃油压力调节器，观察燃油压力的变化。

(五) 低压燃油泵及燃油泵 ECU 的检查

(1) 查找实训车辆或发动机的维修手册，阅读维修手册提供的燃油泵电路，电路所在页码为________。

(2) 检查燃油泵电阻为________Ω。

(3) 检查燃油泵与燃油泵 ECU 之间的接线，应无断路或短路。

(4) 检查燃油泵 ECU 的供电情况，________端子给燃油泵 ECU 提供正极电源，________端子给燃油泵 ECU 提供负极，检查以上两个端子之间的电压为________V。

(5) 检查燃油泵 ECU 和发动机控制单元之间接线是否存在短路或断路，简要描述你的检查方法。

____。

项目六 点火系统的工作原理与维修

任务一 点火系统的认知

一、实训内容与要求

会检查点火正时，会判断点火正时的影响因素。

二、实训器材及资料

发动机运行台架或实训车辆、点火正时枪等，实训发动机的维修手册。

三、实训步骤

（1）暖机后，将发动机熄火。此时，发动机冷却液温度为________℃。

（2）将点火正时枪________色正极夹夹在蓄电池正极上，将________色负极夹夹在蓄电池负极或车身搭铁上，将感应钳夹在1缸的线束上，或靠近1缸的点火线圈总成。

（3）为防止发动机控制单元对点火正时进行调节，连接________和________。

（4）起动发动机，将点火正时灯灯光朝传动带轮照射，读出此时的点火提前角为________°。

（5）思考：如果点火提前角不在规定的范围，你认为有哪些原因？

任务二 点火系统的工作原理与维修

一、实训内容与要求

会拆装及检修火花塞，会做跳火测试；会检查曲轴位置传感器；会检查爆燃传感器；会检查点火模块的电路。

二、实训器材及资料

发动机运行台架或实训车辆、万用表、塞尺、常用套筒、扭力扳手、手电筒等，实训发动机的维修手册。

三、实训步骤

（一）火花塞的拆装与检测

（1）将点火开关置于________档位，断开所有气缸的喷油器插接器。尽量让发动机处于冷态时进行操作。在发动机热机拆卸火花塞时，谨防取出的火花塞烫手，可先准备干毛巾包裹取出。

（2）拆卸点火线圈总成或高压线。

（3）使用专用套筒，拆下所有火花塞。

（4）清洁火花塞承孔四周，使用遮挡物遮盖住火花塞孔，以免异物进入。

（5）目测火花塞，连接螺塞________（有/无）松动，________（有/无）电蚀现象，火花塞螺牙________（正常/损坏），气缸盖火花塞承孔螺牙________（正常/损坏），密封圈________（正常/异常），电极颜色为________，电极________（有/无）积炭，________（有/无）油污，火花塞需要________（检测/维修/更换）。

（6）使用塞尺，检查________缸火花塞间隙为________mm，属于________（正常/异常）。

（7）查找用户手册，火花塞更换里程为________km。

（8）检查火花塞内阻分别为________，检查火花塞绝缘电阻分别为________。

（9）做跳火试验，火花的颜色为________，属于________（正常/异常）。

（10）不要使用蛮力拧紧火花塞，否则容易造成火花塞损坏，甚至造成气缸盖损坏，必须按标准的力矩拧紧。安装火花塞拧紧力矩：18N · m。

（二）曲轴位置传感器的检测

（1）曲轴位置传感器安装在________，共有________根接线，属于________式曲轴位置传感器。

（2）点火开关关闭，拆下曲轴位置传感器插接器，目测检测插接器接线________（完好/异常），拆下曲轴位置传感器，检查传感器________（有较多/无）油污；转动曲轴一圈，检查曲轴位置传感器的信号轮________（正常/异常）。

（3）重新安装曲轴位置传感器，检查其电阻为________，属于________（正常/异常）。

（4）分别断开曲轴位置传感器线束与传感器和ECU之间的插接器，检查连接线的电阻分别为________，属于________（正常/异常），说明线路________（正常/断路）；检查接线与车身之间的电阻分别为________，属于________（正常/异常），说明线路________

（正常/短路）。

（5）安装曲轴位置传感器，利用示波器检查其波形。

（三）爆燃传感器的检测

（1）观察发动机有________个爆燃传感器。

（2）分别断开爆燃传感器线束与传感器和 ECU 之间的插接器，检查连接线的电阻分别为________，属于________（正常/异常），说明线路________（正常/断路）；检查接线与车身之间的电阻分别为________，属于________（正常/异常），说明线路________（正常/短路）。

（3）查找维修手册，爆燃传感器安装拧紧力矩为________。

（4）检查爆燃传感器安装位置，属于________（正常/异常）。

（5）检查爆燃传感器的供电电压为________V。

（四）点火控制模块电路的检查

（1）观察点火控制模块共有________条接线，端子________连接电源线，端子________连接负极线，端子________连接点火信号线，________（有/无）点火反馈信号线。

（2）检查电源与搭铁线，检查电源与搭铁之间的电压为________V。

（3）检查线束是否短路或断路。检查方法或检查记录：____。

（4）利用示波器检查点火信号及反馈信号的脉冲波形。

（5）用排除法或换件法对存在故障的点火模块进行检查。

项目七 润滑系统的工作原理与维修

任务一 润滑系统的认知

一、实训内容与要求

会选用发动机机油；会检查发动机机油。

二、实训器材及资料

发动机运行台架或实训车辆、机油、清洁抹布等，实训发动机的维修手册及用户手册。

三、实训步骤

（1）查找实训车辆或发动机用户手册，该发动机使用的机油型号为________。

（2）用手机打开网商平台，选购一瓶和以上型号相同的机油，选购一瓶与以上型号不同但能符合要求的机油，该机油型号是________。

（3）运行发动机，然后熄火，等待5min。

（4）拔出机油尺并擦干净。

（5）再次拔出机油尺，观察机油尺两面显现的机油量________（相同/不相同），应该选择________（多的/少的）为准。

（6）观察机油量是________（正常/过高/过低）的，机油的颜色是________。

（7）查找用户手册，该发动机机油每________里程或________月更换一次。

（8）打开点火开关，观察机油警告灯________（点亮/不亮），起动发动机，观察机油警告灯________（一直亮/熄灭）。

（9）不起动发动机，检查机油压力开关的电阻，应该大于10kΩ，测量值为________；起动发动机，检查机油压力开关的电阻为________。

任务二 润滑系统的工作原理与维修

一、实训内容与要求

会检查机油泵及限压阀；会更换机油和机油滤清器；会检查曲轴箱通风装置。

二、实训器材及资料

发动机台架或实训车辆、塞尺、机油、机油泵、机油滤清器专用扳手、扭力扳手、漏斗、清洁抹布、机油压力表、螺钉旋具等，实训发动机的维修手册及用户手册。

三、实训步骤

（一）检查机油压力

如果怀疑机油压力异常，拆卸机油压力传感器，在机油压力传感器的安装孔处安装压力表，怠速时，机油压力为________；加速到3000r/min时，机油压力为________。熄火后，拆下机油压力表。

（二）检查机油泵和限压阀

（1）拆解机油泵。

（2）检查主动转子和从动转子之间的间隙为________，其标准范围为________。

（3）检查两个转子和端面之间的间隙为________。

（4）检查从动转子和泵体之间的间隙为________。

（5）检查限压阀柱塞，________（有/无）卡滞。

（6）安装机油泵。

（三）更换机油及滤清器

1. 更换前的准备

（1）在实训车辆或发动机运行台架上更换机油的操作步骤稍有不同，如果需要使用举升机，必须先锁止以后才能进入车身下面，仅限实训指导教师或指定人员操作举升机。

（2）查找维修手册或通过学习掌握以下情况：油底壳放油螺栓的紧固力矩为________，机油滤清器的紧固方法为________。通过用户手册查找机油型号和加注量。

（3）起动发动机，对机油压力警告灯进行检查。如果不正常，需要在更换机油前对故障进行诊断，检查结果为________（正常/不正常）。

（4）检查机油油质和油量，机油量严重缺少或机油中含水，需要检查原因，检查结果为________（正常/不正常）。

（5）检查是否存在漏机油，加机油盖处________（漏/正常，下同），气缸盖罩处________，放油螺栓处________，油底壳接合面处________，机油滤清器处________，曲轴前油封处________，曲轴后油封处________，其他位置________。

2. 更换机油

（1）拆卸加机油盖，拆下放油螺栓，用机油车或机油盘存放废机油。注意：此时如果机油温度较高，不要带棉纱手套，以防烫伤。

（2）拆卸机油滤清器。注意：此时可以佩戴防油手套，拆卸时不要用力过猛，以防举升机上车辆倒塌。

（3）安装机油滤清器。注意：清洁机油滤清器底座；比较新旧机油滤清器，确认其大小、型号相同；在新滤清器密封圈上涂抹机油；在新滤清器内加入适量的机油（约为1/3）。

（4）安装油底壳螺栓。

（5）用漏斗通过机油加注孔加机油。注意：机油实际加注量应比标准加注量稍少。使用机油尺检查机油加注量是否合适，结果为________（基本合适/过多/过少），初步判断加注机油量为________。

（6）起动发动机，重点在________处和________处检查是否存在漏油，结果为________（正常/漏油）。

（7）将发动机熄火，等待3～5min，再次检查机油量，尽量将机油加注到油尺上限，结果为________（需添加/需放油/正常）。

3. 更换后的作业

（1）复位工具及相关设备。

（2）清洁场地。

（3）根据具体车型，是否需要复位保养灯提示，是否需要张贴下次保养提示。

项目八 冷却系统的工作原理与维修

任务一 冷却系统的认知

一、实训内容与要求

能辨别冷却系统的循环模式；会检查冷却液凝固点。

二、实训器材及资料

发动机台架或实训车辆、万用表、工作灯或手电等，实训发动机的维修手册及用户手册。

三、实训步骤

（一）辨别冷却系统的循环模式

（1）发动机处于常温时起动，让空调不工作，散热风扇尚未起动，观察冷却液温表的读数，此时读数为________℃；用可以测量温度的万用表检查散热器上水管温度为________℃，散热器下水管温度为________℃，此时循环模式为________。

> **注意：** 在发动机舱中工作时，必须考虑到风扇可能自行运转而有受伤的危险。

（2）运行发动机直至散热风扇起动，观察此时冷却液温表的读数为________℃；用可以测量温度的万用表检查散热器上水管温度为________℃，散热器下水管温度为________℃，此时循环模式为________。

（二）检查冷却液凝固点

（1）使用前，检查和校正冰点仪。

（2）检查实训发动机冷却液的冰点，检查结果为________℃。

（3）擦净冰点仪，将其复位。

（4）上网了解你所在地区，当地最低气温大约是________℃，根据你的检测，冷却液的冰点________（符合/不符合）使用要求。

任务二 冷却系统的工作原理与维修

一、实训内容与要求

会直观检查冷却系统较为明显的故障；会检查散热器开关；会检查冷却系统泄漏的故障；会检查节温器；会检查散热风扇的相关故障。

二、实训器材及资料

发动机台架或实训车辆、万用表、冷却系统压力测量仪、透明电热壶、螺钉旋具、鲤鱼钳、手电或工作灯等，实训发动机的维修手册及用户手册。

三、实训步骤

（一）直观检查冷却系统

（1）检查软管共有________条，检查每一条软管两端是否有漏水、损坏现象，检查结果为________（正常/漏水、老化等），检查卡箍安装情况，是否有松动。

（2）检查软管应无吸瘪的现象，________（正常/某条水管被吸瘪）。

（3）用手电或工作灯照射，在________处检查冷却液液位，________（正常/过高/过低）；如果低于下限，应检查有无明显渗漏处。

（4）检查散热器散热片，________（正常/异常）。

（5）冷却液泵就车检查时，应无漏水现象，________（正常/漏水）。

（二）散热器开关的检查

（1）拆下散热器盖或膨胀水箱盖开关前，检查发动机冷却液温度表读数是________℃。

注意：不能在高温时操作，一定要等待充分冷却。

（2）选择合适的适配器将散热器开关连接至测漏仪。

（3）加压到100kPa左右，观察压力表应至少10s内无下降，检查结果为________（正常/有泄漏）。

（4）加压到140kPa，观察压力表应迅速下降，检查结果为________（正常/有泄漏），说明________（压力阀/真空阀）正常。

（5）复位。

（三）冷却系统泄漏的检查

（1）观察冷却液温度表，此时温度是________℃，拆下膨胀水箱或散热器开关。

（2）将合适的适配器。安装到膨胀水箱或散热器上。

（3）加压到________ kPa，2min 后压力表，压力值________（下降/正常）。如有下降，检查冷却液泄漏的部位。

（4）复位。

（四）节温器的检查

准备好节温器和透明电热壶，电热壶若无温度显示，还需准备温度计或可以测量温度的万用表。

观察当水温低于________℃时，主阀门关闭，副阀门开启；当水温高于________℃时低于________℃时，主阀门渐渐打开，副阀门渐渐关闭；当水温高于________℃时，主阀门完全打开，副阀门完全关闭。

（五）冷却风扇的检查

查找实训发动机的冷却风扇电路，根据电路检查。

（1）断开发动机 ECU 插接器，将点火开关置于 ON 档位，散热风扇________（运转/不运转）。

（2）检查 ECU 和冷却风扇 ECU 之间的线束和插接器，测量其阻值为________Ω。

（3）将风扇插接器端子________连接蓄电池正极，将风扇插接器端子________连接蓄电池负极，散热风扇________（运转/不运转）。

（4）将点火开关置于 ON 档位，测量 +B1 和 E1 之间的电压应为________V，若电压正常，则更换冷却风扇 ECU；若 +B1 和 E1 之间的电压不正常，依次检查相关继电器、熔断器、插接器及线束及搭铁，故障原因是________。